Vera Hewener

AF236652

Oh Frühling, komm!

Natur, Stadt & Land

Die schönsten Frühlingsgedichte

Was ist der Frühling? Ankündigung, Anfang, Wiederge-
burt? Schneeglöckchen läuten ihn ein. Die ersten Son-
nentage lassen die Knospen sprießen. Wenn die Bäume
das Blätterdach schließen, jubelt die Natur. Das Buch
versammelt neueste und ausgesuchte Frühlingsgedichte
über die Natur in Stadt und Land aus dem literarischen
Werk von Vera Hewener.

Vera Hewener, Jahrgang 1955, lebt als freie Schriftstellerin
in Püttlingen. Sie erhielt für ihr Werk mehrere internatio-
nale Literaturpreise, u.a. Superpremio Cultura Lombarda
vom Centro Europeo di Cultura Rom (I) 2001, Grand Prix
Européen de Poésie von CEPAL Thionville (F) 2005, Goe-
the-Preis 2013, zuletzt Wilhelm Busch Preis 2017.

Pressesplitter
„Heweners Sprache ist Rhythmus und Malerei." Beatrix
Hoffmann, SZ 07.05.02 „Zart und duftig sind viele dieser
Gedichte, voller Freude über den Einklang mit der Natur;
hymnisch-gewaltige Gesänge lassen an Hölderlin und
Rilke denken." Jürgen Kück, SZ 17.11.03 „Zart und duftig
wirken auch die Naturgedichte, ganz in Anlehnung an
sapphische Odenstrophen geschrieben, Stimmungslyrik
von emotionaler Dichte." Walter Faas, SZ 28.05.04
„Fundgrube von unverbrauchten, unverfälschten Meta-
phern." Georg Fox, Wochenspiegel 07.07.04 „Jedes Wort
schillert und ruft ein Bild hervor. Vera Hewener baut aus
dem, was sie sieht, kleine Wortkunstwerke." Beatrix
Hoffmann, SZ 07.11.2011 „Anmutige, unverbrauchte
Bilder." Ruth Rousselange, SZ 07.06.17 „Offensichtlich
steckt auch ein Schalk in Hewener." Anja Kernig SZ
07.12.17

Vera Hewener

Oh Frühling, komm!

Natur, Stadt & Land

Die schönsten Frühlingsgedichte

Die Deutsche Bibliothek verzeichnet diese Publikation in der
Deutschen Nationalbibliografie; detaillierte bibliografische Daten
sind im Internet unter www.http://dnb.dnb.de abrufbar.

Herstellung und Verlag:
BoD - Books on Demand, Norderstedt

Printed in Germany
1. Auflage 2021
ISBN 9783753439594
9,00 EURO

Inhaltsverzeichnis

Jahreszeitenvergnügen

Der Frühling ist ein Blühling,
der Sommer ein Lichtfrommer,
der Herbst ist ein Entfärber,
Winter ein Flockensinter.

Der Frühling ist ein Sprühling,
der Sommer Lichterklommer,
der Herbst ist erster Kühling,
Winter ein weißer Printer.

Der Frühling ist ein Sprinter,
der Sommer ist ein Schwüling,
der Herbst ist Sturmeskommer,
Winter ein Frostbewerber.

Oh Frühling, komm!

Vorboten

Es modert wieder in den Waldparzellen
und dampft wie ausgedrückte Zigaretten.
Im Sonnenfilter Wolken sich erhellen,
auf Knospen spielt der Wind wie Klarinetten

Mozarts schönste Frühlingsserenaden.
Die Säfte unter Moosgeflechten müffeln.
Käfer wandern über Promenaden,
nach Pfützen suchend, um sich satt zu süffeln.

Insektenpuppen häuten sich, bald fliegen
ins süße Blütenkörbchen Schmetterlinge,
im Gras Zikaden sich auf Halmen wiegen.

Der Regen tröpfelt, hüpft von Blatt zu Blatt.
Natur erschöpft sich nicht in Wetterdingen,
sie schreitet fort als ewiger Nimmersatt.

Licht im Spiegel
die Umkehrung der Schatten

Frühlingsglut

Den Horizont hat helles Licht bezwungen.
Der Kälteschimmel schlägt die Hufe auf,
wenn über dir der Mond verblasst im Lauf.
Den Horizont hat helles Licht bezwungen.

Der Kälteschimmel schlägt die Hufe auf
und Nebelreiter ihren Sattel schnallen,
wenn sie durch graue Wolkenberge fallen.
Der Kälteschimmel schlägt die Hufe auf.

Wenn über dir der Mond verblasst im Lauf,
beginnt das Sonnenfeuer Frühlingsglut zu schüren.
Die Vogeluhr erklingt ohne Allüren,
wenn über dir der Mond verblasst im Lauf.

Oh Frühling, komm!

Der Himmel weitet sich, wird höher, unbegrenzter,
dein Blick kann sich nicht fangen, nur verlieren.
Das Raueis liegt in Scherben, kann nicht glänzen,
die Morgenluft verschließt die kalten Fächer.
Du ziehst dir eilends neue Kleider an,
kämmst grauen Staub aus deinen Haaren.

Oh Frühling, komm!

Die Hasen springen, prügeln sich vor Liebe,
der Schmetterling den Raupenschlupf verlässt
und Hummeln graben sich nach oben, wollen fliegen.
Das Licht, vom Lebenden verwirrt, errötet,
hängt aufgeregt das Nachthemd auf die Leine,
weist alles Schwarzmalende aus.

Oh Frühling, komm!

Den schwarzen Frack haben die Schwalben angezogen,
das Federkleid die Schwäne aufgeplustert
und Elstern finden ihre Nester wieder in den Kronen,
an kahlen Ästen brechen Knospen auf.
Die Frösche, ungeachtet der Gefahren, wandern
hin zu den Teichen jeden Berg hinauf!

Oh Frühling, komm!

Das Grün vermählt sich mit dem Blau,
dein Herzschlag will den Schleier heben und bewegen,
enden den Stillstand, ein Buntes engt noch Tau.
Oh komm doch, Frühling, lass mich atmen,
mit allen Wolken durch die Winde treiben,
mir diese erste Wärme einverleiben.

Und hat doch alles, was sich überschlägt,

zu viele Tage aufgehäuft, muss vorzeitig zerbrechen?
Verbrennt das Strahlen jede Sonne auch?
Muss wieder dunkel werden, was zuvor im Licht?
Natur will leben, scheut Gefahren nicht.

Oh Frühling, komm!

Frühlingsgruß

Märzenbecher in der Hand
grüßt der Frühling Schmetterlinge.
Zarte Knospe du, zerspringe,
dich entblättre unverwandt!
Haselkätzchen läuten,
wecken Blüten auf.
Sieh nur, sieh den Sonnenlauf,
spür das Licht.
Windhauch komm,
mich mit Düften tauf!

Frühlingsaufbruch

Das alte Schloss versinkt im Nebel wie die Tauben
unterm Dach, das ein kaltes Nest beschürzt.
Die aufgestellten Seitenflügel klauben
sich Farbe aus dem Winter. Die Sonne stürzt

zu Boden wie Fallobst von den Ästen,
überdrüssig, angefault, geplatzt,
und Gärten stehn wie leere Blumenkästen
auf Fensterbänken, Wind zerkratzt.

Im Mittelrisalit aus Glas aufsteigt
ein Klang in Himmelshöhen, als wollt Amalie
sich streiten mit der Frühlingspersonalie,

welche wolkentriefend, verschnupft sich zeigt
mit Knospenkränzen, ausschlagenden Bäumen,
dass sie den Blütenzauber nicht versäumen.

(Saarbrücker Schloss)

Lichtblüten

Die Blütenfuhren,
wie treiben sie Farbloses in den Glanz
der Sonnenuhren, wie verwandelt sich
Natur im Wind der Botenstoffe,
Duft verbandelt, schmeichelt
dir um die Nase ein Sturm des Erneuerns.

Die Bilder des Blusts.
Wie blenden sie das Leichtwerden
dunkler Schattenrisse an Horizonten,
wenn Kälte sich entfernt, im Land
des Übersonnten zitternd dir Zweige
winken und Narzissen.

Frühlingsgetändel

Kastanienkerzen entzünden
die Düfte, ein süßer Lichtgewinn.
Ins Blütenfeuer haucht der Wind
lauen Frühlingsbeginn.

Und ist die werdende Zeit
sich selbst schon entgleist,
wer kann sich jenem entziehen,
was die Natur verheißt?

Jahrtausende haben dies erlebt:
des Wachstums Widerspruch.
Wer immer nach Neuanfang strebt,
liest jedes Jahr im gleichen Buch.

Glaube doch nicht, es wär zu spät,
die Zeit zieht am eigenen Pendel,
wenn alles wieder neu entsteht.
Welch himmelblaues Getändel!

Pollenallergie

Wie lau, wie lind,
oh Frühlingwind,
versüßt durch Rapses Honig.
Wie leicht sich trug
der Pollenflug.
Der Nasenlauf wird chronisch.

Hast du das Serum auch dabei,
niest du getrost ins Tuche.
Gereizt die Nase, einerlei,
ob Jammern, ob im Fluche!

Drum geb dich hin
der Medizin,
vertrau dem Apotheker.
Der Frühling lässt dir keine Wahl,
hält nichts von dem Gezeter.

Frühlingslied

Das Saitenspiel des Himmels:
Veilchenaugen,
Goldtöne im Sinn.

Höre das Frühlingslied:
Vogelkapellen,
Summgebrumm,
Grasharfenspiel.

Einklang der Blüten:
Farbenpastelle,
Duft betupfter
Knospenstiel.

Und über mir
zögernder, zaudernder, zarter Hauch
im neuen Anbeginn.

Die Vogeluhr

Das Nebeldickicht, blassgrau, über Eichen
tröpfelt und nässt wie ausgeleerte Flaschen,
die umgekippt hängen aus Wolkentaschen,
die letzten Reste aus den Hälsen streichen.

Welch zögerliches Tagen, wenn Trübes weichen
muss, Nachtblaues hellt, im Gelb verwaschen,
den Dunst wie ausgeleierte Gamaschen
herunterstülpt, dass Wolken über Dächer schleichen

wie Asche ausgelöschter Feuer. Befangen
die Vogeluhr sich dreht, beginnt zu pfeifen,
am Horizont die Strahlen zur Orange reifen.

Amsel und Elster Dämm'rung abverlangen,
die Töne werden lauter, ungezügelt,
das Tickern schrillt, vom ersten Licht beflügelt.

Morgendämmerung

Oh wie die Nacht so kühl sich neigt,
noch schweigt der Bäume leises Rauschen.
Die Vögel ihre Flügel bauschen
zum Aufflug in das Taggerüst.

Das Morgenrot am Horizont
die Bäume in den Schatten sonnt.
Bald abzieht unterm Feuervogel
das Dunkelgrau über dem Kogel,
bis alles Trübe eingebüßt.

Dahinter Sonne strahlt und funkelt.
Nachteulen haben ausgedunkelt.
Was lang verborgen, wird sich zeigen,
was aufgeblüht im Licht nicht schweigen.

So war mit gelbem Finger berührt
die trauernden tropfende Vorfrühlingszeit,
auf den Fluren ausgebreitet
steigen verstopfte Nebelsäulen auf.

Nie war das Sehnen so stark
inmitten verweilender Trübnisse
nach dem heilenden Goldstern.

Ach Himmelslicht, rühr alles an,
was dir in die Finger kommt,
den leeren Baum,
den ausgestöberten Strauch,
die durchwühlte Wiese.

Es wird ein Herz dir schlagen,
das alle Zeiger aufwirbeln lässt,
die Trägheit des Stillstands besiegend,
wenn wir wiegend in blauen Bändern
den Reigen tanzen
eines neuen Frühjahrs.

Rooda Mòjen

Haut Mòjen is da Himmel volla Sprenkel,
moll blau, moll rot, it is än wahre Pracht,
als ob än Owen, frisch geschiat de Schacht,
de faawig Glut vaschitt, gehall de Henkel

vom Dippen iwa Kopp. In de Senkel
hat ihn de Sunn gestellt, se kunnt de Schmacht
da easchten Strahlen nit vaschicken, gekracht
hat it schunn frej, da Wind macht kään Geplänkel.

It gift doch hell un waam no all dem Newwel
dea letschten Daa, ma kònn jetzt widda liften,
un alta Mief get aus de Heisa stiften.

Monch äna hält de Kält als fo än Hewwel,
dea um sich schlaat, ea bringt de Leit zum ziddan.
De Bloumen all mett ihrem Douft dagejen widdan.

Roter Morgen

Heut Morgen scheint der Himmel voller Sprenkel,
mal blau, mal rot, es ist die wahre Pracht,
als ob ein Ofen aus frisch geschürtem Schacht
die Farbenglut verschüttet; er hält den Henkel

des Topfes über Kopf. In den Senkel
hat die Sonne ihn gestellt, sie konnte die Macht
der ersten Strahlen nicht verschicken, gekracht
hat es schon früh, der Wind macht kein Geplänkel.

Die Kälte ist für manche wie ein Knebel,
der sich zuzieht, er bringt das große Zittern.
Ein Blumenduft bekämpft das karge Bittern.

Es wird doch hell und warm nach all dem Nebel
der letzten Zeit, es modert in den Grüften,
soll er abziehn, musst du die Fenster lüften.

März

Frostperlen
wenn uns das Märzherz schlägt
silberseidener Auftakt frühmorgens
Sonne nimmt Platz ordnet Strahlen
verschüttet Lichtschuppen

Sternenimitation für den großen Wagen
der mit der Entfaltung der Blätter
uns das Frühlingsgespann schirrt
wenn gefrorene Feuchte ins Grün tropft
blüht uns allergisch das Keimen

leicht strauchelt der Mondkreis
zieht sein weißes Schild zurück
Vogelstimmen unterm Heckengestrüpp
tuscheln über die Besetzung
leerer Krähennester

im Pollenflug verfangen sich Kätzchenhaare
niesen werden wir unter Forsythien
während wir Bänke aufstellen und schnurren
wenn der Wind Wärme aufweht

Lerchenklang

Sieh am Himmel wiegt das Licht so sacht,
spinnt ins Blaue gelbe Farbenpracht.
Schau, die Gräser winden sich hinauf,
Felder folgen still dem Wolkenlauf.

Blütenkelche duften süß und leicht,
lebensfroh ins Grüne hingereicht.
In den Weiten schwirrt ein Lerchenklang,
Frühlingsweise, heller Lobgesang.

Blütenmeerrauschen

Bienenparade stolziert
am Wiesenufer

Schnecken im Frühlicht

Böden glitzern und schimmern
Ameisen hüpfen

März im Beruser Forst

Europadenkmal am Bergsporn des Saargaus.
Zwischen bewaldeten Kuppen des Höhenzugs
wabern Nebelhorizonte ins Tal.

Im Wust silberner Distelwolle
mäandert struppiges Gesträuch
entlang steiniger, greinender Waldwege.

Wo kalkiges Gestäub in Lichtschneisen wirbelt,
lagern alte Eichen bemoosten Astbruch ab,
Bockkäfer fressen sich durch das Totholz.

Unter verwarzten Astgabeln
knarrender Wurzelstöcke
vergraben sich Waldmäuse,
Pilze und Knospen verscharrend.

Efeu umwachsen die kahlen Planken
hoher alter Stämme, sattgrün, blätterflorig.
Spechte klopfen holzspanend
futtersuchend die Borken ab.

Quellwasser gurgelt unablässig
durch die Rohre der Kalktuffterrasse,
braust aus dem Beruser Forst
am Fuß des Gesteins wie Wasserfälle,
teichfüllend, eine blaue Lagune bildend.

Und von den Höhen singt es klamm:
„Heilge Orann, schick mir nen Mann."

Waldrätsel

Tschakerditschak
Knackerdiknack
Rackerdirack

Kuckurukuck
Schnuckedischnuck
Ruckediruck

Gurredigurr
Surredisurr
Schnurredischnurr

Tschipeditschip
Ziepediziep
Piepedipiep

Gefunden

Ich ging so für mich hin
im leeren grünen Wald
und suchte keinen Sinn
da goethet's in mir bald

ich fand das Ungefundene
im Schatten des Gelichts
und sah das Unverbundene
und sah und sah doch nichts

da hob ich alle Lettern
aus ihren Wörtern auf
sie fingen an zu klettern
und woben sich hinauf

ich trags nach Haus das Verslein
schreib's auf am stillen Ort
dass glüht das Dichterherzlein
und blüht und blüht so fort

Früher Morgen

Im Osten Licht, Nebel besprüht die Felder,
auf bleichen Pfeifen flöten Vogelkehlen,
und Eichhörnchen sich aus den Kobeln stehlen,
in Kronen schwankt der Geist der Pinienwälder.

Es schimmert auf, wird heller Schein und bälder
ein Kuckuck ruft, kann sich nicht verhehlen.
Sein Nestling übt sich früh im Aufkrakeelen,
die Tauben gurren, werden Tagesmelder.

Und Nadelbündel rascheln in den Zweigen,
im lichten Wind sie um die Stämme kreisen,
die Wolkenschwämme werden bald verreisen.

Ein strahlend Blau das Morgenauferstehen,
die Mondsichel zieht sich zurück, vergehen
muss das Schwarz, Licht macht es sich zu eigen.

Tanz der Schwäne

Auf der Saar
tanzen die Schwäne sich lieb,
Herz bildend,
im Gewässer des Lebens,
Hals schlingend
um das weiße Gefieder,
aufspringend,
auf die Quelle des Ursprungs.

Mein Federkleid
hängt am Faden
des Lichts.
Vergissmeinnicht
denkt der Staub.

Osterglocken läuten

Karwoche

Der Wind singt grüne Melodien
Narzissen schlafen im Schnee
Osterglocken läuten

wir streuen Blumen aus
fächern mit Palmwedeln
durch Straßen

Am Kalvarienberg
wacht Maria

Frauen flüchten
in ihren Mantel
Gewitter fiebert

Karfreitag in der Champagne-Ardenne

Auf dem Hügel wacht Napoleons Militärschule
in Brienne-le-Chateau pflastern Kanonen den Weg

die Straße führt vorbei an Getreidefabriken
entlang hoher Silos die Mehlstaub verlieren
an die Wolkenwand welche den Sonnenstand
verdunkelt und die Aussicht

in Louze fegt rotköpfiges Federvieh
mit langen grünen Schwanzfedern den Asphalt
Fahrgäste bestaunen den Wandervogel
der den Reiseverkehr am Karfreitag
zum Stillstand zwingt

beim Verlassen des Ortes wechseln
Sonnenflecken mit Schattenfetzen
über den Kronen der Platanen
die mit Blattknospen überhäuft
auf Erlösung warten

hocherhoben wacht in Villeneuve au Chemin
auf der Sankt Joseph Kirche die Muttergottes
das weite Land segnend mit geöffneten Armen

Birken im blassgrauen Blätterflaum
bilden ein Spalier österlicher Standarten
Krähen posaunen Kreischgesänge zum Himmel

Der Ruf

Der Schnee verging
sickerte wortlos
von den Felsen

ein Steinbock leckte Schiefer blank
Gebirgsaltäre für das verspätete Opferlamm

Keiner wird sagen
er sei berufen worden
seinen Sohn zu opfern

Schlächter geben sich vorher
nicht zu erkennen

im Garten Gethsemane
schlafen die Hunde
auf Silber

und doch rief ein Sohn
nach seinem Vater

Todesstunde

Stille
im Gebirge

Tod stahl alle Töne
Glocken flogen vorbei

Bergziegen
stehen auf Felsspitzen

Küchenschellen
geben keinen Laut

Zugwind reißt
am Gebüsch

ein Ast fällt
von Felsstufe zu Felsstufe
trommelt die Zeit
ins Land

Uhrwerk des Untergangs
dessen Stundenschlag
im Tal zerbricht

Ostern 2016 in Israel

Heilige Steine

Die heiligen Steine Jerusalems,
wer trug sie auf den Schultern oder im Herz?
Gebeine aller Heiligen unter blutrotem Felsengrab.

Die Klagemauer sammelt die Bitten der Flehenden,
stützt versunkene Gebete ab wie Jahrtausende
voller Gewalt, Krieg, Flucht und Vertreibung.

Am Shabbat vielstimmiger Chor heiliger Stätten:
Kantorengesang aus Synagogen,
Muezzinrufe von Minaretten,
Geläute der Kirchenglocken.

Abrahams Kinder pilgern, atmen Weihrauch,
handeln weiter um das beste Gottesangebot.
als hätte es das Gebot der Nächstenliebe nie gegeben.

Jerusalem

Weiße Steine pflastern alle Wege
trennen teilen Jerusalem
wie ein Apfelspalter

mühsamer Weg in die Höhe
kein Baum der Erkenntnis
von dem zu speisen wär

über der goldenen Menora
thront die goldene Kuppel
darunter römische Kapitelsäulen

vor der Klagemauer der Frauen
wachen Angehörige der Orden
über die Einhaltung ritueller Verhaltensregeln
Theresas Mütter bekreuzigen sich

Verschleierte klammern sich an die Ritzenwand
religiöse und unreligiöse Menschen lehnen sich
mit ausgebreiteten Armen an die Mauer
für die Öffnung göttlicher Begegnung

Wortflammen züngeln
vor den Augen Schweigender

der Rückzug vorsichtigen Schritts
ohne Smartphones und Tablets
rückwärtsgewandt

Klagemauer

Diese fedrigen scharfkantigen
Wedel der Palmen.
Stechmücken verteidigen
die grünen Schwerter.
Mauern heiliger Stätten
bekämpfen sich immer noch.

Das Gemurmel Gottesgläubiger
versiegt in grauen Ritzen.
Unter den Tempeln
modert Kälte.

Sie und die Hitze des Tages
verbreiten nichts als Gewitter.

Schuld und Sühne

Welche Hoffnung könntest Du
heute noch haben
nach Jahrtausenden
der Schmach und des Verrats?

Welche Schuld nach all den
Kämpfen kannst Du verzeihen?

Für uns, Herr und Gott, büßen
die Seelen, gefangen
im Licht des Staubs,
aus dem Du uns geformt,
wieder und wieder.

Sie können sich nicht lösen
für die Ewigkeit.
Sie flüstern aus dem Grund
aufgetürmter Steine
und schweigen laut.

Nur das Gestammel
Suchender nach Verstehen
übertönt die Stimmen.

Die Hitze klirrt vor Sehnsucht
in den Felsen.

Grabeskirche

Innehalten
vor dem Bogen der Inschrift,
den gemeißelten Schriftzeichen,
den Treppenabgängen
des Kirchengemäuers.

Zuhören
in der Stille des Lärms
aller Verrohung
menschlichen Geistes
und weiter hoffen.

Einatmen
die Beschwörung der Litaneien,
den Weihrauch geistlicher Gebete,
die Berührung verlorener Seelen.

Nicht fertig werden
mit den Schatten der Tempel,
dem Schreien Hingerichteter
im Anblick der Grabstätte des Herrn.

Aufstehen
mit zerbrochenen Knien,
entkalkten Knochen,
splitternder Nacktheit
des Glaubens

Allein seine Nähe erlöst
von weitergegebener Schuld.

„Refugium aus Zaun und Faun"

Gartenparadies

Sanftes Wehen der Sonnenwindböen,
nach dem tosenden grollenden Murren.
Zwischen dem Zwitschern aus den Höhen
hallt von fern ein Taubengurren.

Dreh dich nur um, auf der Frühlingsgeige
spielen Blätter, Blüten, Nadelzweige.
Amseln, Kleiber und die Spatzen
wieder an den Früchten schmatzen.

Gartenparadies, sibyllinischer Schrein,
Refugium aus Zaun und Faun,
weiße Göttinnen aus Stein
vor dem Pavillon sich räkeln.

In der Lounge sitz ich, bestaun
die Natur beim Blütenhäkeln.

Blütenschaumzauber

Himmel hingewischt
fahlblau gelbweiß durchmischt
geronnenes blassrosa Lichtblut

im Blütenschaumzauber
Frucht werdender Pfirsichhain
farbentrunkene lebensverzückte Leichtigkeit

handgeschöpft

Wilhelm Heinrichs Garten

Ach du grauer Wilhelm, Zeit gebürstet
auf dem Postament und hochgehalten,
als Gebieter über Beete. Des Alten
Bestand nach Frühling dürstet.

Kräuter und Gewürze schossen auf,
dem Sonnenlicht geneigt zu applaudieren.
Dem Gärtner Kletterpflanzen wild skandieren,
und manche Bäume streben hoch hinauf,

vertrocknet, ausgezehrt und farbenblind,
die zarte Wärme in den Stamm zu leiten,
um neue Knospen, Blüten zu entbreiten,

dass Pollen fliegen mit dem milden Wind.
Im Schlossgarten das Knistern Gäste lockt,
sich jeder Strauch mit Blättern neu berockt.

(Schlossgarten Saarbrücker Schloss)

Ballade vom wahren Schneckenputsch

Zwischen Buchsbaum, Schilf und Hecken,
zwischen Thymian und Farn,
spinnt ein silbrig schimmernd' Garn
eines ganzen Rudels Schnecken.

Kommt ein Laubfrosch angesprungen
auf Maßliebchens Blütenblatt,
Baldurs Auge blinzelt matt,
ist zum Ahorn vorgedrungen.

Liegt ein Rotfuchs auf der Lauer,
hält am Morgen schon die Wacht,
hat in manchen Gärten Pacht
unter Löchern einer Mauer.

Sieht den Laubfrosch munter wandern,
denkt sich, welch ein kleines Mahl.
Frosch, erquickt vom Sonnenstrahl,
patscht von einem Platz zum andern.

Schleicht der Rotfuchs in der Hocke
sich zur Beute nah heran,
bis er sich draufstürzen kann,
raschelt eine Rosenlocke.

Lurchtiers Auge späht zur Seite,
sieht den Rotfuchs auf dem Sprung,
vor ihm glänzt der Schneckendung,
sucht mit einem Satz das Weite.

Rotfuchs jagt mit einem Rutsch,
trifft die Schleimspur folgenschwer,
schlittert, schleudert hinterher.
Laubfrosch ist schon lange futsch.
Das ist wahrer Schneckenputsch!

Erster Frühling

Ein junges Grün beendet Sterbens Trauer.
Das Graue wankt, es muss den Farben weichen.
Die Knospe sprießt, will Tageslicht erreichen
und hofft bald sehr auf einen Regenschauer.

In Wald und Flur liegt Leben auf der Lauer.
Ein Frosch sich wagt, bald wandert zu den Teichen
die Heeresschar, um endlich abzulaichen.
Die Sonnenhand erlöst von Schattens Dauer.

Die neue Zeit wächst auch in unsren Köpfen,
der frische Wind weht altes Zagen fort,
mit neuer Kraft das neue Werden schöpfen.

Und über Nacht gerät die Welt zum Garten.
Ein Wunder ist's, es dringt in jeden Ort,
selbst Amors Pfeil kann nicht mehr länger warten.

Leises Gezwitscher
wieder Knirschen unterm First
Schwalben im Anflug

Zitronenfalter
flattern kreisen fliegen leicht
im verschmitzten Wind

Gelber Ginster sprüht
im zartrosa Fliederbaum
Hummelgebrummel

Morgentau tröpfelt
von Halm zu Halm ins Gestrüpp
Käfer entpuppen

Frühlingsserenade

Die weißbesetzte Welt bricht zögerlich ihr Schweigen;
sie klaubt den letzten Rest an Dunkelheit zusammen.
Als in diesem Schwarz schon Sonnenpunkte schwammen,
ließ der gehetzte Mond den Duft heruntersteigen.

Auf kargen grauen Ästen jetzt Knospen lustvoll weiden,
in Sträuchern, Licht betrunken, Goldlöckchen Glanz
                                   entflammen
im irren Rausch der Farben, die Schwermut zu verdammen,
und österlich Geläut' Erlösung will beeiden.

Im zart beseelten Grün Narzissen sich entfalten,
die Krokusse erleuchten, Blaumeisen verhalten
den Lobgesang anstimmen auf dieses junge Leben,

das so ersprießlich blüht und wächst im Aufbegehren,
dass die Liebe dieser Tage sich in uns kann mehren
und wir, so reich gestärkt, das Zaudern uns vergeben.

April

Wer sagt dass ein Frühling nur blühen kann
kein anderer als der April widerlegt dies
Schloßen wirft er donnert Blitze aufs Land
mit unbekanntem Ausgang

Regenreichtümer wirft er weg
wie Feldhasen die Fruchtbarkeit
hütet Blüten und Brüten
hinter vorgehaltener Wetterfront

in der Walpurgisnacht
tanzt er auf Dächern fliegt mit dem Wind
um die Wette hinauf zum Brocken
befeuert die Hexenfahrt
mit diabolischem Nachtwerk

um dem Mai die Süße zu rauben

Wetterwechsel

Sieh nur wie der Feldweg
sich durch die Rapsblüte zwängt
süß wallt Duft vom Hügel
hinüber auf den Straßenbügel
der ins Schloss der Häuser klappt

kein Entkommen ist hier
wo die Vogelhütte den Weg markiert
der Wanderer ohne Zeigestock
sonntäglich durchmarschiert

bis ein Luftzug offene Türen schnappt
Wolken zusammen drängt
der Wasserstand überschwappt

Regen schirrt seine Zügel
der alle Entfernung kappt

Frühlingssturm

Der Sturm kam über den säuselnden Frühling
nicht aufschwellend wie aufgehende Knospenhörnchen
er kam peitschend über aufjüngende Wiesen
riss verstörend an den Körbchen
der Gänseblümchen
die sich eben noch das Aufblühen wagten
reinigte starres Geäst
von Losem und Halbstarkem
und schnitt seine Böen sausend und brausend
durch alles was sich ihm entgegenstellte

die zurückgelassenen Nester in den Kronen
schwankten hin und her
füllten sich mit Hagelkörnern
die wenig später wie Eisflocken zu Boden tropften
und Sonnenfunken in allen Farben blitzen ließ

unter dem Giebelkreuz rieben Krähen
ihre Leiber aneinander
schlugen mit ihren Schwingen
die Wetterkapriolen in den Wind
um den liebestollen Gesichtern
das Balzen zu entringen

auch dieses Jahr kehrten die Elstern
zurück in die Nester
im Tirili der Vogelstimmen
krakeelen sie und rauen

Stille nach dem Sturm

Stille nach dem Sturm,
Frieden im Garten,
die Brise Wind durchkämmt das Gras,
Schmetterlinge starten.

Gräbt sich der Wurm
hoch aus dem Boden,
ein Hagelkorn darauf grad saß,
brummen die Käfer Rhapsoden.

Über dem Heckenturm
spähen die Meisen,
Gaukeleien mit Augenmaß,
Stechmücken verreisen.

April in der Brenne

Noch liegt die goldgelbe Landschaft
im Schatten der Windkrafträder
die zu Luftgesängen im Kreis tanzen

im Meer der Rapsblüten schwimmt
zeitauf zeitab
der Zeiger der Sonnenuhr
rückt vor in die Brenne
vergegenwärtigt lichtklar
die Stunde der Krähen

verknittert die Blätter vergangener Sommer
die der Herbstwind hinterließ
uns kann das Rascheln nicht schrecken
wir kennen die Strecken der Jahreszeiten

Laufzeit

Feuer fangen die Scherenschnitte der Stämme
verbrennen im Schoss der Lichtkralle
ich wandere auf dem Kohlepapier der Dämmerung
auf grünen Strichen im Umland

Tritte des Aufbruchs rucken an meinen Fährten
unbemerkt wächst der Umriss sichtbarer Dörfer
sie streifen die Nacht ab wie Läufer den Schweiß
wenn sie unter die Räder der Bewegung gelangen

an der Staumauer ist die Vorfahrt eingezeichnet
der schräge Abriss des Damms sticht ins Wasser
Enten rutschen auf glattem Beton in den Seegang

Asphalt geschmolzener Stahlknochen
grinst grau in den wägbaren Himmel:
Muskelspiele für die Ablösung der Laufzeit

(Bostalsee, Bosen)

Lichtmaß

Tauben begurren
die Kalligraphie der Gehölze
Beschreibungen der Äste
in den Rodungen des Lichts
das die Schablone des Knospens
über die schwarzen Zweige legt

kaum lösen sich die Schattenrisse auf
summen Hummeln im Blühstoff
entflammen in Wiesen
hauchzarte Töne

Gänseblümchen strecken sich
nach dem Lichtmaß
aus dem der Frühling
seine Farben schöpft

Im Niedtal

Blattknospenflaum
grünt an Verästelungen
Kätzchenkorken baumeln

rötliches Schimmern
der Rinden in den Zweigen
Käfer krallen

Rapsfeldergold
rüttelt am Asphaltgrau
Blütenkörbchen taumeln

stürmischer Wind schüttelt
die Wölkchen blau
Äcker wallen

im Apfelblütenschaum
droht die Vogelscheuche
Traktoren fahren

Würmer schleichen
in Furchenspuren
Rabenheerscharen

Frühlingsfest

Zwischen Huflattich und Löwenzahn
leuchtet mit voller Glut Frühlingssonne
aufblühende Wiesen

verwandelt biegen sich
die Gespinste der Schirmflieger
hoffen auf Wind
um ihre Härchen in die Weite zu tragen

in Montier en Der spitzen die Türme
des Schlösschens ihre Ziegel
für die bevorstehende Feier
Kandelaber putzen ihre Laternen blank

ein Karussell probt die Rundfahrt
mit weißen Elefanten
ein weißer Pudel
rennt seinem Frauchen davon

Rittergrube

Ritter raunen aus der Koppel
staunen über das Gehoppel
einer ganzen Hasenschar

in vergangenen Jahrzehnten
rangen sie in ausgedehnten
Kämpfen um der Liebsten Haar

hört der Hufe dumpfes Stampfen
Rufe Klirren Rosse dampfen
schnauben auf zum schnellen Ritt

Liebste wedelt mit der Locke
Ritter gehen in die Hocke
springen auf mit einem Schritt

Knappen reichen ihnen Schilde
Schwerter blinken auf die wilde
Schlacht um Burgfräuleins beginnt

bis die Zeit den Schleier zieht
vor den Förderturm sich kniet
bringt die Pferde aus dem Tritt
Reiter stürzen Szenenschnitt

doch die muntre Hasenschar
hoppelt wie es immer war

„Pfeift ein Vogel den Liebeslaut"

Vogeldemokratie

Von unten fällt der Blick auf hohe Bäume,
die ein Gezweiggewirre auf sich tragen,
aus welchem rote Stelzen aufrecht ragen,
die scheinbar wachsen in die blauen Räume.

Auf Gräsermatten tritt, auf Federfläume
die Storchenmajestät mit hohem Kragen.
Mit starken weiten Schwingen ohne Zagen
sie auf Gewässern aufschlägt weiße Schäume,

wo sie mit ihren langen Schnäbeln klappern,
mit ihresgleichen ausgelassen plappern.
Ein kleiner Buchfink plötzlich sich es wagt

und lauthals seine liebe Ruh einklagt
im Vogelpark. Schließlich sei es demokratisch,
dass Kleinvolk mitspricht, meinte er sokratisch.

Pfeift ein Vogel den Liebeslaut
spielt auf zum Tanz der Natur
das Orchester der Jahreszeiten

Schwanentanz

Der Wellengang verschiebt den Fluss der Saar,
und alles Glitzern leuchtet in den Rillen.
Der weiße Rauch steigt auf aus alten Villen
wie Festlichkeits-Standarten. Ein Schwanenpaar

im Anflug, die Schwimmhaut der Füße zwar
gespreizt zum Wasserlauf, durchbricht mit Willen
die nasse Oberfläche, landet mit schrillen
und spitzen Tönen flügelschlagend, den Talar

aus Federn aufgeplustert dank des Schwingens.
Beim Schlingen ihrer Hälse im Wasserglanz
verlieben beide sich aufs Neu, so ganz

vergessen aller Augen, die rings umher
das Liebesritual bestaunen, gar sehr
beeindruckt von der Dauer dieses Ringens.

Specht und Haselmaus

Ein Buntspecht hämmerte sehr spät
als ob mit Eil es dämmern tät!
Und als er ausgehämmert hatte,
erhaschte eine Maus die Latte,
die ihm vor lauter Eil entfiel.

Die Maus kam unverhofft zum Ziel.
Schon länger suchte sie ein Brett,
als Unterlage für ein Bett,
um sich darauf gut auszuruhn,
denn eine Maus hat viel zu tun!

Als sich der Specht so recht besann,
dass er das Brett doch brauchen kann,
gab jene Maus es nicht mehr her,
verhöhnte ihn mit Spott so sehr,
dass dieser an die Höhle flog
und Kleinzeug hackte, doch nur grob.

Es regnete von oben Brocken,
darüber sich die Maus erschrocken.
Sie huschte ab unters Gebüsch,
verscharrte sich im Blätterplüsch.
Und die Moral von der Geschicht:
Bauklötze klauben lohnt sich nicht!

Von Fröschen und Fliegen

Ein Frosch saß auf dem Halmrohr,
sah einer Fliege nach,
er quakte unermüdlich,
'ne Fliege flog ganz friedlich
durchs off'ne Gräsertor.

Dem Frosch verschlug's die Sprache
vor soviel freiem Geist,
denn dass ihr's wisst,
die Fliege frisst
der Frosch an jedem Bache.

Da hüpfte seine Fröschin
auf's Halmrohr neben ihn,
das Gräsertor
Durchgang verlor,
sie probte schon als Köchin.

Die Fliege unterdessen
sah sich die Falle an.
Flieg ich ganz schnell
wie'n Karussell,
werde ich nicht zum Fressen.

So sauste jene Fliege,
Froschwacht hin oder her,
durch jenen Spalt,
der offen halt,
das Froschpaar zu besiegen.

Die beiden hörten 's zischen,
ein Lufthauch zog am Grün.
So eine Schmach,
die Fliege stach
sie aus beim Beutefischen!

Da sprach die Fröschin: „Froschmann,
die Stellung halten wir.
Hüpf du durch 's Tor,
ich wart davor,
so kriegen wir sie dran!"

Die Fliege augenblicklich
erkannte die Gefahr,
schnappte vom Farn,
um sich zu tarn'n,
das Pollengarn geschicklich.

Dann schwebte sie zum Nahkampf
im Pollenfädchenflor,
reizte die Nas'
mit Pollengas
und hinterließ nur Dampf.

Das Froschpaar nieste kläglich
die Luft sich aus dem Leib,
zog sich zurück
vom Beutetrick
und wurd' fliegenverträglich.

Zwergschnauzers Kaffeekränzchen

Ein kleines Schnauzermännchen
trank gerne aus dem Kännchen,
die Pfoten lagen auf dem Tisch,
er leckte sich mit einem Wisch
das Wasserschäumchen ab,
dann sprang vom Stuhl er ab.

Sein Frauchen war stets vornehm
und löffelte die Milchcreme
wie einen Becher voller Eis
und machte sich die Lippen weiß.
Servietten nahm zum Schluss
sie nach dem Kaffeekuss.

Sie tupfte ihre Lippen,
als würd sie Briefe tippen.
Das Schnauzermännchen sah sie an,
fragend, ob sie ihn streicheln kann,
sprang gleich auf ihren Schoß,
legte mit Kuscheln los.

Das Frauchen, noch nicht fertig,
die Lippen kaffeebärtig,
rief: „Männlein, du bist aber schnell,
hab noch Gebäck mit Karamell,
spring ab, mach erst mal Sitz,
mein lieber kleiner Fritz."

Da winselte das Fritzlein
mit traurig bittren Äuglein,
bis Frauchen schob das Restgetränk
von sich und krault ihn eingedenk
des sehnsuchtsvollen Blicks
mit einem Streichelmix.

Fritz schnurrte wie ein Kätzchen
und fischte sich das Plätzchen,
das auf der Untertasse lag,
mit einem leichten Pfotenschlag.

Da fiel die Tasse um
und leerte sich, wie dumm,
auf Frauchens weißbetuchten Rock,
er wurde nass, ein feuchter Schock.

Das Frauchen sprang schnell auf,
dem Fritzchen in den Lauf.
Der bellte ganz erbärmlich,
war ganz und gar nicht herrlich.
Die Kellnerin, die stehen blieb,
sah's Frauchen, wie sie's Röckchen rieb.
Der nasse braune Fleck
ging aber nicht mehr weg.

„Ja gute Frau, wie peinlich!
Im Grund ist ein Hund reinlich.
Wenn's wiederkommen, bittschön, ja,
gehn's vorher Gassi und nicht da!"

Verrückte Tierliebe

Ein Gnu liebte ein Känguru
ein Affe die Giraffe
die Laus liebte die Fledermaus
die Viper den Wiesenpieper

der Luchs liebte den Steppenfuchs
die Gazelle die Heckenbraunelle
der Hahn liebte den Höckerschwan
der Löwe die Heringsmöwe

der Star liebte das Dromedar
die Bremse die Alpengämse
der Hecht liebte den schwarzen Specht
ein Chinchilla einen Gorilla

der Floh liebte den Bonobo
der Fasan einen Pelikan
der Aal liebte den Bartenwal
die Fliege eine Bergziege

die Kuh liebte ein Karibu
die Schleie eine Rohrweihe
ein Lama den Ara
die Schnecke die Schrecke
die Forelle die Heidelibelle

Liebesleid

Ein Hahn sang seiner Henne
ein wunderschönes Lied
und gackerte zur Tenne,
wo sie ein Ei ausbriet.

Sie gluckte unaufhörlich,
bis sie es übertrieb:
der Hahn, bald schwerenötig,
wurde zum Eierdieb.

Da jammerte die Henne
und weinte um das Küken.
Ein Ei von andrer Henne
sollt' fortan sie beglücken!

Der Hahn wurd' ganz verdrießlich.
Ein Ei stahl ihm die Frau! -
Ob seiner Lage misslich
gackerte er nur zur Schau.

Als dann das Küken schlüpfte,
wähnt er sich gotterlöst.
Sein Herz vor Freude hüpfte,
dass ihn die Henne tröst!

Die aber wollt nicht wieder,
fühlte sich frank und frei.
Sie spreizte ihr Gefieder
und stahl dem Huhn ein Ei!

Regenflucht

Ich sah in Regen ein, in Luft aus Harz und Lauben.
Vom Dach herab fiel Reisig, brauner Ästerost,
die Blüten leergefegt, verweht die Frühlingspost,
die Käfer krochen langsam unter Gräserhauben.

Ein kleiner Vogel piepste ängstlich von den Gauben,
er zitterte im Federflaum, im Wetterfrost,
umkrallte Zargen gegen Böen aus dem Ost.
Von Ziegeln lauthals haderten die Tauben.

Wollt er den Luftkampf unbeschadet überwinden,
so musst er fliegen lernen, jener kleine Vogel,
das Nest am Ast des Baumes wiederfinden,

aus dem er fiel. Zum Leben streben Organismen,
die sich dem Tod entgegenstellen im Gemogel,
sich im Regenbogen sonnen, in den Farbenprismen.

Die Eitelkeit

Ein herrschaftlicher Pfau
flanierte mit viel Flair,
es federte im Blau
die Schönheit mehr und mehr,

bis alle Spatzen schwatzten
über die Farbenzier.
Die Katzen eilends kratzten
den Weg frei für's Spalier.

Und links und rechts die Schwäne
mit Flügel applaudierten.
Der Pfau schwang seine Mähne
weit über die Regierten.

Er schaute nur nach oben,
bewundert von der Menge
und sah vor lauter Loben
nicht aus der dichten Enge.

So hoch erhobnen Hauptes
klatscht in die Pfütz' er nieder.
Dem Fußvolk gleichwohl schlaut es:
Wer sich erhöht, fällt wieder.

Katzenjamma

Òm Mòjen leit de Sunn in Wolkenneschtan.
Se is noch miid, de Strahlen noch nit wach,
da Himmel dämmat, Sternscha funkeln schwach,
noch scheint da Mond, ea fòngt schunn òn se läschtan.

Da Schlòòf im Au da Sunn still sòmmelt Reschtan,
jetzt blòòst da Wind, vatreiwt se ohne Krach.
De Sunn spitzt raus un saat em Himmel Tach,
de Strahlen schimman, sin em Licht sei Schweschtan.

Eich trän meich rum, de Finschtaläden klappan,
de Virrel unam Dach gònz munta plappan,
eich zejn de Deck iwa de Kopp un schännen,

weil it so hell durch all die Ritzen blitzt.
De Katz zua Klapp hintrippelt, kruschtat, flitzt,
eich hean se hinam Haus 'na Maus nòrennen.

Katzenjammer

Die Sonne ruht morgens in Wolkennestern.
Wie müd sie gähnt! Die Strahlen fallen flach.
Das Dunkel dämmert, Sterne funkeln schwach,
der Mond vergilbt, er fängt schon an zu lästern.

Im Sonnenauge träumt der Schlaf vom Gestern.
Jetzt bläst der Wind, vertreibt ihn ohne Krach.
Der Himmel bläut, die Sonne jammert: „Ach". -
Und Schatten flimmern, sind des Lichtes Schwestern.

Ich dreh mich um, die Fensterläden klappern,
die Spatzen unterm Dach ganz munter plappern,
verkriech ins Betttuch mich, will mich nicht trennen,

doch Helligkeit durch alle Ritzen blitzt,
die Katze hin zur Klappe trippelt, flitzt.
Ich hör sie hinterm Haus 'ner Maus nachrennen.

„Im Rausch der Farben"

Frühling in Saarbrücken

Die weiße Stadt verfängt sich in den Seilen,
von Sonnenhand geworfen in den Tag.
Das Lichtern blendet durch die Straßenzeilen
Parlierende, Knospen brechen auf im Hag

des Frühlings wie ein aufgeklappter Fächer,
lebensbejahend, Duft versprühend, farbenfroh.
Und von den Höhen leicht erwärmter Dächer
fällt die Sehnsucht nach dem Anderswo,

zeitvergessen, direkt ins Aug der Träumer
am Saarufer, welche Meeresrauschen ahnen,
sich unter freiem Himmel neue Routen bahnen

im Kampf der Wellen. Wasserschäumer
ruderschlagend den Lichtgewinn verdrängen,
sich unentschlossen in Maßanzüge zwängen.

Frühlingsliebe

Zauberin, ruf deine Engel herbei und fülle die Köcher,
liebklar der Himmel, federwolkenleicht und beginne,
Pfeile zu spitzen, Bögen zu spannen zum treffenden Schuss.
Längst hat der Frühling Gelichter geweckt,
                           verschenkt jene Rose,
welche Herzblatt für Herzblatt, liebsüß getränkt,
                          uns schon taumeln lässt.

Frühlingsrauschen

Wenn's knistert und wispert,
im Wiesengrund flüstert,
kündigt der Frühling sich an.

Wenn's blüht und sprüht
im Morgentau glüht,
drängt das Erwachen voran.

Wenn's zwitschert, pfeift, trällert und singt,
uns wärmende Sonnenstrahlen bringt,
das Kosen des Windes dein Haar durchweht,
die Schwere der dunklen Tage vergeht.

Aus dem Nichts
Buntmalerei
und die Hoffnung auf Ernte

Im Rausch der Farben
kämmt sich der Frühling
das Schwarz aus den Haaren

Himmelan Lerchen
Kirschbaumzweig weißüberblüht
Grashalmgeklirre

Mittachsbad

Haut Mittach träämt da Himmel iwa Wiesen.
Ea is so blau, kään Welkchen is se siin,
Magretscha um de Wett met Gräsan bliin,
voa lauta Pollen fòng eich òn se niesen.

De Hitz de Ströößenbeton lisst vafließen
un Teageruch kriecht iwa Gaatengriin.
De Sunn stett hoch un strahlt, vazieht kään Min,
de Bienen flejen, den kònn se nix vamiesen.

Eich leien uff da Deck, da Bòòm wirft Schatten,
de Blätta rascheln zaat, se sin òm pischban,
de Maikäfa im Buttablimchin krischban.

Nua uusa Nòòpa schafft, bemòòlt de Latten
vom Gaatenzaun, peift voa sich hin än Littchin,
än Rotkehlchen peift met un bad em Bittchin.

Mittagsbad

Heut Mittag träumt der Himmel über Wiesen.
Er ist so blau, kein Wölkchen will sich mühn.
Die Margeriten um die Wette blühn
und Pollen fliegen, bringen mich zum Niesen.

Den Straßenasphalt Hitze lässt verfließen,
der Teergeruch kriecht über Gartengrün.
Die Sonne hochsteht, ihre Strahlen glühn,
sie kann das Fliegen Bienen nicht vermiesen.

Ich liege auf der Bank, ein Baum wirft Schatten,
die Blätter rascheln zart und sind am Tuscheln,
die Maikäfer in Butterblümchen kuscheln.

Nur unser Nachbar putzt, bemalt die Latten
vom Gartenzaun, pfeift vor sich hin ein Liedchen.
Ein Rotkehlchen singt mit, badet im Büttchen.

Im Deutsch-Französischen Garten

Im Park gründeln Schwanenmajestäten
und Pommerngänse kreisen still im See.
Die gelben Boote schwanken schwer, sie jäten
die Wasseroberfläche. In der Allee,

umschwärmt von Sonne, edlen Pudeldamen
und Dackelherren, eine Lerche singt,
nicht Nachtigallen. Blütenpanoramen
süß duften, hell die Wasserorgel klingt

im Takt der Bachakkorde wie Kastagnetten,
als drehte Mittagslicht geheime Pirouetten,
erhitzt, erschöpft, betäubt. Und Liebeslieder

verschenken Melodien, aufgeklungen
an den Bänken. Tauben haben ausbedungen,
sich auszuruhen unter weißem Flieder.

Ich möchte diesen Tag ohne Irrungen
beginnen, der Morgen setzt sein Lächeln auf
und glänzt durchs Fenster.
Die Saarbahn fährt wie jeden Tag,
festgeschraubt, unausweichlich.

Mein Gegenüber spricht mit Nachbarn,
niemand interessiert, was sie sagt,
ihre Sprache dient dem Zeitvertreib.

Ich sehe auf dem Ziffernblatt,
wie die Zeit davon läuft,
eile in Gedanken hinterher, froh,
dass ich aussteigen kann.
Während der Morgen kläfft
und mir die Minuten streitig macht,
fahren andere weiter.

Und ich in meiner Siegerlaune
gehe die drei letzten Meter zu Fuß.
Die Düfte der Frühjahrsblüher sind süß.

Honigkrieg

Mich hüllten Düfte ein im Weiß der Rispenblüte,
die Süße eingebunden auf der Blumenbank,
in Sträuchern lockte Suchende der Nektartrank,
die Wespen hingesunken in die Honigbrüte.

Ein Falter surrte ins Gestäub mit Lustgemüte,
umklammerte das Astrohr, lupfte im Gerank
am Bacchusbecher aus dem offnen Blütenschank,
vibrierte aufgeregt im Rausch der Nektargüte.

Die Wespen zogen ihre Fühler aus den Pollen,
ersummten zornig Helfer aus den nahen Wiesen,
gemeinsam sie zum Kampf um Nahrungstöpfe bliesen,

voll Ärgernis die Wespenbäckchen überquollen.
Ein Luftsog zerrte plötzlich kräftig in den Lüften.
Natur zerstob die Krieger, warf sie aus den Hüften.

Òwendschlumma

Haut Òwend rollt da Himmel Dunkelfalten,
ea is schun miid un dämmat voa sich hin.
De Sunn zejt sich serick, is schunn gònz dinn,
än bissin blitzt se noch durch Wolkenspalten.

De Virrel unam Dach sin noch òm walten,
klään Schnäwwelcha laut plärren, hungrisch sin;
än Mick vaflejt sich, hängt im Netz da Spinn
un Eintagsflijen òwends gin zu Alten.

Eich roun im Sessel, guck da Naat int Finschta.
De Mondscheib zwischen Sterncha silwa blinkt,
als ob von òwen äna mia zouwinkt.

Än Hummel brummt un süffelt noch im Ginschta,
eich süffeln Wein un sinken in de Schlumma.
De Louft is waam, ma merkt ball hònn mia Summa.

Abendschlummer

Heut Abend rollt der Himmel Dunkelfalten,
er dämmert müde, hat das Blau verlieh'n.
Die Sonne sich zurückzieht, ist am Flieh'n,
ein wenig blitzt sie noch durch Wolkenspalten.

Die Vögel unterm Dach schalten und walten,
die Schnäbel plärren Hungermelodien.
Zikaden zupfen Grasharfenpartien
und Eintagsfliegen werden Nachtgestalten.

Im Sessel ruh ich aus, seh' Lichtgespinster.
Der Mond schon zwischen Sternen silbern blinkt,
als ob von oben einer mir zuwinkt.

Die Hummel brummt und süffelt noch im Ginster.
Ich süffle mit, der Schlaf befällt mich frommer.
Die Luft mich wärmt, ich spür, bald wird es Sommer.

„Mit dem Wind fährst du die Täler hinab"

Auf der Rue Nationale

1
Aus den Feldern heraus
im Auf und Ab der Täler und Höhen
wächst Lothringens Landschaft:
Spireagezweig
Tamariskengefieder
Goldregendolden

zwischen Butterblumenwiesen und Landstraßen
zieht Ginstergebüsch neue Grenzlinien
rote Traktoren knattern
über die Kalkböden
Krähenflügel stürzen sich
auf die Wölbungen der Heuernte

mit dem Wind fährst
du die Täler hinab
sag nichts
wenn Wolkenstreifen Schatten werfen
wenn du nach oben kommst
kämmt er die Weizenborsten glatt

2
Nahe Chigy im Blütenduft der Akazien
hüpfen Vogelvölker auf einem Viadukt

sie flogen von den Rotbuchen ab
die den Zugang zum Friedhof bewachen
längst sind die Steine abgetragen
die manche Gräben dort ummauerten

unweit der Zufahrt hinter Zäunen aus Draht
klettern Heckenrosen an Häuserwänden
recken Schwertlilien ihre Lanzen
für die Dörfer im Dornröschenschlaf

3

Hoch droben über den Ackerflächen
treiben Windräder Strom ein
lausche nicht dem Rauschen der Luftwirbel
du hörst nicht das Kinderlachen
nicht die Geräusche von Spielzeugautos

der Weg führt immerzu geradeaus
umsäumt von Rotklee und Rapsblüte
Birken schlagen ihr Laub zusammen
Silberstaub blättert ab

in ihm glitzern noch vergangene Küsse
die einmal feucht waren
und rot wie Mohn

Frühling in Burgund

In diesem Farbenrausch
aus dem die Blüte der Rapsfelder
ihr süßes Aroma gewann
schwankt gelb betäubt hochroter Mohn
auf Weizenähren und Gräserpfriemen
tropft aus dem Viadukt frühes Taulicht

jenseits des Rotbuchensaums der Landstraßen
unter dem Kabeltwist der Oberleitungen
durchpflügt der TGV Burgund
hypnotisiert mit seinem Blinken
Birkeninseln Ahornhaine

Laubtunnel öffnen die Zufahrt
zu Dörfern aus mittelalterlichem Bestand
Turm bewacht Brücken beschützt
wallen Geranienkaskaden aus Tontöpfen
wildern Rosenbüsche vor den Portalen
der Landhäuser

Wasserfontänen sprudeln aus Brunnenschalen
verrieseln sich in der Höhe
perlen ab in den Beckengrund

Hin und wieder
wirft jemand eine Münze ins Licht

Maitag am Lac du Der

Enten schnattern Frösche quaken
unterm Sumpfgras
es schallt in den blauen Himmel
in die Sonne die den Vormittag
mit Wärme überschüttet

junges Laubgrün leuchtet auf
roter noch feuern Blutbuchen
ihre Blattteller an
schnarrende Vogelrufe
auszuwerfen

Badende hocken im Sand
werfen Kieselsteine in den See
zählen die Kreise des Untergangs

Rauchschwalben halten Familienkonferenzen ab
Schwäne plustern ihr weißes Gefieder
um dem Paartanz Glanz zu verleihen

nur die Krähen krakeelen
lauten Protest in den Wind
dass die Zauberei des Frühlings
im Sommer enden wird

Aubigny sur Nère

1
Taubengesellschaft auf den Zinnen
am Fuß der Geschichte
Grabenkämpfe an der Nère

in der Rue du Prieuré
lärmendes Treiben der Fahrzeuge
der Leerstand unübersehbar

an den Tischen des Bergerac
wird hofiert parliert diskutiert
kein Wassertrinker der Weinverkoster ächtet
kein Biergenießer der Rauchende verstößt

Hundertschaften von Blumendüften
des benachbarten Floristenladens
weht der Maiwind herüber
umhaucht die verweilenden Gäste
mit den Aromen natürlicher Begegnungen

2
Die haushohen Standarten
geteilter Farben blähen auf
Segelschiffe der Gegenwart
fliegen gezipfelt durch Jahrhunderte
französisch-schottische Verbindung
Maria Stuart war hier

in grünem Karo der Wachpostenrock
im Museumshof aus Blech
Drahtfiguren mit Zepter
Blumen verhangene Fenster
Gartenidylle auf weißem Kieselstein

längst ist das digitale Zeitalter
angekommen in der historischen Stadt
Häuserzeilen mit britischem Akzent
rufen Internetverbindungen zwischen
Anglais und Francais auf

3
Fachwerkhäuser stilgerecht restauriert
dienen Rauchschwalben als Nistplätze
sie fliegen zwischen den Seiten hin und her
als hätte es Fremdherrschaft nie gegeben

landen zielgenau zur Fütterung
des vielversprechenden Nachwuchses
der die Köpfe aus den Nestbauten streckt
aufkrähende Schnäbel gewiss

ein weißes Taubenpaar auf dem Dachgrat
des Brautmodengeschäfts turtelt
treue Liebende mit Aussicht auf Ewigkeit

4
Um sechzehnuhrfünfundvierzig
läuten die Glocken der Sankt-Martinskirche
übertönen Redeströme und Fahrgeräusche

im andächtigen Kirchenraum
Besinnung Gebet Kontemplation
kein Blitzen von Fotolinsen erlaubt

derweil es draußen unentwegt
in der Geschäftszone
weiter knattert und brettert

technische Bekenntnisse
hallen in den hohen Himmel
welchen die Sonne in
blaue und gelbe Streifen reißt

5
Im Innern der Bar des Bergerac
rauchen Schädel und Aschenbecher um die Wette
im Nebeneinander Jubel und Verzweiflung

Hunde liegen draußen unter den Tischen
den Kommandoton des Herrchens im Ohr
Promenadenmischungen liebäugeln mit Frauchen
gelockte Vierbeiner mit Zugkraft
robben sich hoffnungsvoll
miefernd und schniefernd zum Aufbruch

Mitdreißiger pflegen Konversation
mit Cocktail und Longdrink
während junge Mütter mit Kinderwagen
der Zeit davon rollen

6
Im Dreisternehotel La Chaumière
logieren Geschäftsreisende
Männer mit weißen Hemden
Frauen mit bunten Blusen
Sprachgewirr mit Kultur

die gemauerten Innenwände des Restaurants
mit kleinteiligen Fliesen rufen
die Zeit der Pferdekutschen wach
an den Wänden der Flure
Bilder im Glanz vergangener Jahre

Suiten und Zimmer
im Stil mittelständischen Komforts
ausgestattet mit neuester Technologie
verbreiten den Charme
langer bürgerlicher Traditionen

zu Kir Royal und Pastis
serviert der Küchenchef
kulinarische Grüße mit Genussstufe

der Bordeaux atmet die Traubenlehre
ganzer Generationen
sub dictum rosa
liegen die Geheimnisse
auch heute noch
in den Weinfässern

Champagne Berrichonne

Windkrafträder stehen still
die Autobahn versinkt
zwischen den Hängen der Sträucher
auf dem Champs d'Amour balzen Krähen
Holunder steckt weiße Blütendolden
durch Laubzweige der Weiden
Mohnblumen nicken ihnen zu

Bauminseln von grünen Grannen
des Weizens umschlossen
lichtern ihr Gelbgrün in die Weite
bis eine Allee junger Eichen
die Sicht versperrt und den Blick
nach vorn ins Endlose zwingt

Die hängenden Holunderbüsche des Périgord

Ginsterwälle schluchten die Schnellstraße
blenden mit unwirklichem Gelb
Sonnentand fällt auf Reisende auf der Fahrt
durch den Naturpark Périgord-Limousin

vor Saint Junien versperren Steintafeln die Sicht
ragt Felsgestein schroff in die Höhe
als hätte das Zentralmassiv
seine stärksten Ausläufer verschickt

Holunderbüsche blühen zwischen den Stufen
wie die Hängegewächse der Semiramis
unweit des Straßenrands begrenzen Baumalleen
die Auswüchse der Gebirgskette
auf den Ebenen grasen Schafherden
säubern ihr Fell im Licht der blauen Stunde

Auf dem Weg nach Cognac

Von Pfosten zu Pfosten eilen Stromleitungen
werfen Schattengirlanden am späten Vormittag
auf die Rue Nationale
an deren Straßenseiten
die Springprozession der Rebstöcke wandert
erstes Weinlaub entblättert
bei Barbezieux bewachen linientreu auf Anhöhen
Birkenreihen den Straßenasphalt
der zwischen den Schutzwällen der Landschaft
endlos in die Ferne wächst
sich durch Ackerland und Wiesen schlägt
die sich von gelben Blütenständen übersät
im Fahrtwind wiegen
weiße Schafherden grasen, weiden
unter Baumkronen
nehmen Maß für die Mittagsruhe

Frühnebel in der Touraine

Sonne entzündet phlegräische Felder
auf nachtkalten Böden der Touraine
Krähen kreisen in der Nebellandschaft
über den Nestern im Kahlgeäst

Gelb entsonnt sich in Rapsblüten
teilt die von Asphaltfurchen durchzogene Fläche
in braune und grüne Streifen
die der Fahrtwind sich von der Weite reißt
wie die Szenen eines Trickfilms

vereinzelt plüschen zwischen Platanen
weißblühende Hecken verinseln sich
zu Horizonten die der Aussicht
Augenmaß und Halt verleihen

Land der tausend Teiche

Blaue Augen rollen über das Kornfeld
belichten am Aire des Mille Étangs
kreisenden Seeschwalben den Weg
durch den Naturpark der Brenne
der die Nachtschwere abschüttelt
wie Biber das Wasser

längst hat der Frühling Laubdächer geschlossen
verbirgt im verdichteten Blättergezweig
die Brut wieder bewohnter Vogelnester
in den Erlen stehen Nachtreiher still

Rinder weiden im Wildwuchs der Wiesen
kauen Sauerampfer und Gänseblümchen
ein Kalb saugt an der Mutterkuh
sinkt ermattet in den grünen Teppich
Wolkenschatten verdunkeln den Schlafplatz

Poitou-Charente

Aufgerollt liegt die Heuernte abgemähter Wiesen
in Ballen auf den Feldern des Poitou Charentes
die Landstraße wird zur Bergbahn
vom Gipfel fallen Autos ins Tal
als hätten sie von einer Sprungschanze abgehoben

die Ausbaustrecke endet am Querlauf der Grene
die aus rostroten Erdhügeln quillt
und die Ebenen fruchtbar hält
landeinwärts wiegen Akazien
weiße Blütentrauben im Wind

erste Weinstöcke filtern das Licht
für den Aufgang der Rebenreihen
vereinzelt klettern schon Rosenblüten
an den Fassaden der Häuser
rufen den Sommer aus

Pappeln silbern am Horizont
Muttergottesblumen
verwandeln Grasflächen
in lila Landschaften

Auf den Boulevards

Wie der Sonntag
der seine Würde über alles legt
was ihm näher kommt i
n der Morgenandacht der Straßen
die seltsam still sind
und leichte Luft das Fromme wiegt
in der Rue la Fayette
wo jeder Schritt nach Leben klingt
und Neugier weckt
die meinen Augen Unruhe verleiht
der Blick auf Sacré-Coeur
auf das Dach der Kuppel
deren Weiß durch Seitengassen flimmert
im Häusergrau das meinen Lippen
Worte entlockt und Schweigen
wie das Tanzen des Laubs das sein Grün
im Lichtrausch gewann
sind Minuten wie Bruchstücke
zusammengefügte Splitter der Boulevards
die den Mittag erwarten und Menschen
die nach Sonnenplätzen haschen
und dem Augenblick
der die Leidenschaft
an die Tische der Straßenlokale trägt

Bois de Boulogne

In jenem Sonnenton
der aus Wolken Hitze saugt
und über den Bois de Boulogne streut
im tiefen Grün der Stadt
wo die Rose das Herz der Umarmung liebkost
unter dem Himmel
der sein Königsblau
im Jardin de Bagatelle verlor
auf den Bänken
von Vogelpaaren besungen
schwirrt ein Licht warm und scheu
als wollte es die Schönheit beschützen
vor dem Schleiertanz
den Gräserwehen vor den Blüten aufführen
in dieses weite längst entrückte Strahlen
ergibt sich mein Blut
errötet meine Haut
dieser Aufschrei der Seele
die das Unberührbare in Händen hält
für diese Stunde
in der die Sehnsucht in den Höhen liest

Erotischer Nachmittag

In jenen Höhen
in denen Licht sich verschleißt und erbleicht
wo das Zittern auf den Lippen bebt
und Zeit verschlingt
auf dem Wendepunkt der Lust
die den Gemächern entfloh
und nun fruchtbare Böden küsst
umhaucht mich der Atem
deines Wimpernschlags
gelöst in der Liebe der Stadt
deren Wände Süße verströmen
an einem Nachmittag in der Rue de Rivoli
nahe dem Herzstück der Seine
deren Türkis den Staub der Eile fortspült
und Spaziergänger fesselt die wie Ertrinkende
an Ständen suchen nach Gemälden
gefangen von erotischen Farben
gehalten vom Duft des Begehrens
gebannt von der Pont Neuf
dem Brückenschlag
zwischen Traum und Wirklichkeit

Paris en magie

Les lumières sur la Seine
dans la nuit hors d'haleine.
Le cours d'eau ceci gémit
et une étoile d'amour sourit.

Les bateaux sans bruit flotte
cette obscurité complot.
Là coeur-plongé dans cette beau ville,
la vie connecte prudemment un fil.

Que Paris s'imagine,
quelqu'un de ceci s'incline
et la douceur jure la demande,
magie consacre bien le monde.

Paris im Zauber

Lichterglanz auf der Seine
spiegelt atemlose Nacht,
der Wellenlauf spielt Kapitän,
der Stern der Liebe lächelt sacht.

Lautlos treiben Schiffe weit
ins Komplott der Dunkelheit.
Das Herz versinkt, ist eingeladen,
das Leben hängt am Seidenfaden.

Was Paris sich vorgestellt,
dass sich verbeugt, wen es erhellt,
heraufbeschwört die Zärtlichkeit,
Magie die Welt dem Zauber weiht.

Le chant des villes

La tendresse de la ville
elle rougeoie dans les airs
sens d'haleine qui les cils
dispersant la lumière

Nous revons à le soleil
résistant à la chaleur
si les rues appareillent
que tu saisis le cri du Coeur

Chant des lieux sur le tableau
le jour lucide fête le printemps
désir des yeux désir des mots
si la passion s'éternisant

Das Lied der Städte

Zärtlichkeit einer Stadt
glüht in Windes Fängen
Wimpern sanft versprengen
Lichtes Atemstatt

In der Sonne träumen wir
überströmt von Wärme
Straßen bilden Schwärme
Herzschrei ringt mit dir

Lied der Städte auf dem Schild
der klare Tag ein Frühlingsfest
das Aug und Wort begehren lässt
wenn Leidenschaft aus allem quillt

Bücher von Vera Hewener

Vermisstenanzeige. Gewidmet den ermordeten Juden des Naziregimes. Lyrik und Prosa. Vera Hewener. Libri BoD. Norderstedt 2000. ISBN 3-8311-0748-3. 2. erw. Auflage 2014. ISBN 978-3831107483.

Lichtflut. Reisenotizen. Lyrik und Prosa. Vera Hewener. Edition Calamus. Norderstedt 2001. ISBN 3-8311-1493-5. 2. erw. Auflage 2014. ISBN 987-3831114931.

Eine Neigung aus Blau. Gegenwartslyrik. Vera Hewener. Norderstedt 2002. ISBN 3.8311-3334-4. 2. Auflage 2014. ISBN 9783831133345

Bist Himmel mir und tausend Feuerfunken. Gedichte. Vera Hewener. Mauer Verlag. Rottenburg a/N. 2003. ISBN 3-937008-46-2.

Verwirbelungen der Zeit. Vera Hewener. Lyrik mit Bildern von Carolin Isele. WiKu Éditions Paris E.U.R.L. Paris und WiKu Verlag KG Berlin 2005. ISBN 3-86553-203-9.

Es kommen andere Ewigkeiten. Gedichte. Vera Hewener. WiKu Édition Paris ISBN 2-84976-0188 WiKu Verlag 2007. ISBN 978-3-86553-189-6.

Himmelsstürme. Vera Hewener. Gedichte mit Fotografien. edition Wort Verlag Bitburg 2010. ISBN 978-3-936554-00-3.

Das Jahr: Dichtung in vier Sätzen. Vera Hewener. Gedichte mit Fotografien. BoD Books on Demand Norderstedt 2013. ISBN 978-3-7322-3168-3.

Zaubervolle Winterwelt. Gedichte, Geschichten, Notizen. Vera Hewener. Verlag BoD Books on Demand. Norderstedt 2014. ISBN 9783735761262.

Frühlingsserenade. Die schönsten Gedichte, Geschichten und Notizen zur Frühlingszeit. Vera Hewener. Verlag BoD Books on Demand. Norderstedt 2015. ISBN 978-37347-3140-2.

Die Blüte des Sommers. Sommeranthologie. Die schönsten Gedichte, Geschichten und Kalendernotizen. Vera Hewener. Verlag BoD Books on Demand. Norderstedt 2015. ISBN 978-3-7347-89540.

In der Saar schwimmen keine Krokodile. Gegenwartslyrik & Texte. Vera Hewener. Verlag BoD Books on Demand. Norderstedt 2015. ISBN 9783738635676

Von Lorraine nach Aquitaine. Reisenotizen in Lyrik und Prosa. Vera Hewener. Verlag BoD Books on Demand. Norderstedt 2016. ISBN 9783741210860.

Du trocknest meine Tränen wieder. Religiöse Lyrik & Texte. Vera Hewener. Verlag BoD Books on Demand. Norderstedt 2016. ISBN 9783743113589.

Zaubervolle Jahreszeiten. Der Frühling. Vera Hewener. Verlag BoD Books on Demand. Norderstedt 2017. ISBN 9783743125117.

Aus meinem Federkiel. Magische Momente. Natur & Seele. Gedichte. Vera Hewener. Verlag BoD Books on Demand. Norderstedt 2017. ISBN 9783744870511.

Zaubervolle Jahreszeiten. Der Sommer. Vera Hewener. Verlag BoD Books on Demand. Norderstedt 2017. ISBN 9783744870993.

„Kerzen, Wunder, Himmels-Zunder". Vera Hewener. Lustige und besinnliche Geschichten und Gedichte zur Advents- und Weihnachtszeit. Verlag BOD Books on Demand. Norderstedt 2017. ISBN 9783744893824. 2. Ausgabe 2019. ISBN 9783738629682.

Die Jahreszeiten: Auslese. Gedichte. Vera Hewener. Verlag BOD Books on Demand. Norderstedt 2018. ISBN 9783738636017

Werkausgabe Band I. Frühe Gedichte 1970-1999. Verlag BOD Books on Demand. Norderstedt 2018. ISBN-13: 9783746025292

Kinder, Hund, Familienbund. Lustiges, Tierisches und Allzumenschliches in Lyrik und Prosa. Vera Hewener. Verlag BOD Books on Demand. Norderstedt 2018. ISBN 9783746056821

Zaubervolle Jahreszeiten. Der Herbst. Vera Hewener. Verlag BoD Books on Demand. Norderstedt 2018. ISBN 9783752842135

Christnacht, Glocken, Engelslocken. Gedichte und Geschichten zur Weihnacht. Vera Hewener. Verlag BoD Books on Demand. Norderstedt 2018. ISBN 9783748107637. 2. Ausgabe 2019. ISBN 9783741251641

In der Saar feiern die Fische. Gegenwartslyrik & Szenen. Vera Hewener. Verlag BoD Books on Demand. Norderstedt 2019. ISBN 9783732237142. 2. Auflage 2020. ISBN 9783752810080

Von Brandasund bis Nasholim. Reisegedichte, lyrische Ausflüge, Geschichten und Notizen. Vera Hewener. Verlag BoD Books on Demand. Norderstedt 2019. ISBN 9783732235841.

Tannen, Lobgesang, Weihnachtsklang. Gedichte, Geschichten, Liedtexte und Bühnenstücke zur Advents- und Weihnachtszeit. Vera Hewener. Verlag BoD Books on Demand. Norderstedt 2019. ISBN 9783750400030.

In der Saar tanzen die Schwäne. Gedichte, Geschichten & Szenen. Vera Hewener. Verlag BoD Books on Demand. Norderstedt 2020. ISBN 9783751921060.

Zaubervolle Weihnachtswelt. Geschichten, Gedichte, Stücke & Notizen zur Advents- und Weihnachtszeit. Vera Hewener. Verlag BoD Books on Demand. Norderstedt 2020. ISBN 9783752606409.

Weihnachtsklang, Lobgesang. Deutsche Gedichte und Nachdichtungen internationaler Weihnachtslieder, Gospels, Spirituals und deutsche Weihnachtslieder in moselfränkischer Mundart. Vera Hewener. Verlag BoD Books on Demand. Norderstedt 2020. ISBN 9783752606393.

Sodom und Camorra. Kurze Bühnenstücke für viele Gelegenheiten. Vera Hewener. Verlag BoD Books on Demand. Norderstedt 2020. ISBN 9783752606386